유마의 방

시에시선
019

유마의 방

수완 시집

詩와에세이

차례__

제1부

여시아문 · 11
붓다, 그 눈뜸의 순간 · 12
I miss you · 14
무우수나무 아래서 · 15
흐르는 길 · 1 · 16
흐르는 길 · 2 · 18
흐르는 길 · 3 · 20
금강반야바라밀경 · 22
기도 · 24
광장에 서다 · 25
타지마할 · 1 · 26
타지마할 · 2 · 28
귀향곡 · 29
사랑의 랩소디 · 30
눈꽃 · 31
쓰러진 고목 · 32

제2부

무문관·1 · 35
무문관·2 · 36
납월 팔일 소식 · 37
선탈(蟬脫) · 38
유마의 방·1 · 39
유마의 방·2 · 40
자취 · 41
성도재일에 거울을 보다 · 42
이명증 · 43
귀밑에 내린 서리 · 44
봄소식 · 45
그릇 · 46
너구리 극락도 · 47
봄빛으로 오시는 님 · 48
낙산사 동종 · 49
나비의 꿈 · 50

제3부

가을비에 젖은 노랑나비 · 55
마음의 빗장 · 56
분노의 봄 · 58
멸도(滅道) · 60
바람개비 · 63
대학살 · 64
설악 무산의 봄꿈 · 66
포물선 · 68
막 핀 꽃 · 69
우담바라 · 70
기억의 소실점 · 72
무지개 꿈 · 74
성스러운 손 · 76
금호역에서 · 78
흡혈귀 · 80
관심 · 82

제4부

소이 할매 · 85
연우 모친 소풍가던 날 · 86
어머니의 노래 · 88
소나무 존자 · 90
블루문 · 91
차창에 비친 흔적 · 92
아지랑이 · 94
연등 · 95
모내기 풍경 · 1 · 96
모내기 풍경 · 2 · 98
시월의 노래 · 99
태어나는 것, 그리고 떠나가는 것 · 100
회춘 · 102
연(緣) · 1 · 103
연(緣) · 2 · 104
연(緣) · 3 · 106

해설 · 109
시인의 말 · 126

제1부

여시아문

나는 이렇게 들었다

깊은 숨 들이키면
어질고 고요한 이의 향기
바람결에 실려 가슴 가득 퍼진다
이 기쁨 이 사랑
이 충만이 누리를 향기롭게 한다

당신은 내 그리움의 원천
당신은 나를 설레게 하는 꿈
당신은 내 삶의 이유

그리고, 그리고
당신은 나의 전부다

붓다, 그 눈뜸의 순간

고뇌의 순간순간이 억겁의 쇠사슬이다
몸과 마음을 흔들고 치근거리던 6년의 유혹

니련선하강에서 피어오르는 물안개
전정각산 암굴로 스며들어
고타마 싯다르타의 삭정이 같은 몸속에서
선정의 숨결이 된다
어제는 숨결이던 물안개가
오늘은 몸과 마음을 씻는 정화수다
선량한 소녀 수자타여
너의 유미죽이 보리의 선근이다

자리에 앉아 고요히 호흡을 가다듬으니
생각 안에 일어나는 것
생각 밖에 일어난 것
모두 고요한 바다에 비친 물그림자
눈을 뜨니 새벽하늘의 별이 된다

고요한 삼매의 바다에 떠 있는 물그림자
정안 삼매!
지나간 시간과 다가올 시간의 시작과 끝을
한 줌 흐트러짐 없이 바라본다
가만히 일어나 보리수 아래 거닌다

  비바람 부는 날 무찰린다 왕이 몸을 펼쳐 우산이 된다
  교만한 자의 거드름이 아침 햇살에 사라지는 이슬이 되고
  덕스러운 이의 공덕이 하늘을 담는 발우가 된다
  거룩한 이의 발길이 우르벨라에서 사슴동산으로 향한다

I miss you

I miss you like a shower—

나는 당신이 소나기처럼 그립다
천 년의 미소로
항상 그 자리에 서 있는 님

청초한 아침 햇살로
붉게 물든 노을빛으로
밤하늘에 보석처럼 빛나는 별빛으로
수많은 만남과 수많은 이야기로
나투시는 님

천 개의 손으로
천 개의 눈으로
내 몸을 적시며
불현듯 오시는 님

무우수나무 아래서

무우수 꽃잎 나비되어 펄펄 날리는
룸비니동산으로 오세요
금빛 여우가 자유로이 뛰놀고
물소리 새소리 풀벌레 소리 한데 어우러진
봄빛 그득한 꽃 바다네요
마야왕비 무우수나무에 살포시 기대니
브라흐마의 옆구리가 열리고
빛나는 탄생의 동산이 됐네요

아홉 마리 용이 물을 뿜어 꽃다운 몸 씻으니
하늘 위와 하늘 아래
가장 존귀한 생명의 불꽃이 되네요
룸비니여! 룸비니여!
고귀한 씨앗 싹 틔운 땅
너와 나 그리고 우리
모두 함께 어우러진 생명의 바다

흐르는 길 · 1
—보이는 것과 보이지 않는 것

삶의 뿌리를 받쳐준 신발
달마대사는 면벽 9년 끝에
짚신 한 짝을 메고 총령을 넘었다
대사의 무덤 속에 덩그렇게 남은
짚신 한 짝

누구도 풀 수 없던 매듭을
단칼에 끊어낸 알렉산더대왕은
천하를 정복하고도 젊은 나이에 요절할 때
자신의 관에 손과 발이 보이도록 구멍을 뚫게 했다

석가세존은 평생 동안
길에서 나서 길에서 살다 길에서 열반한 후
상수제자인 가섭존자에게
두 발을 관 밖으로 내보여주며
정법안장*을 전했다

그 발에 신겨져 닳고 찢겨 남루가 될 때까지

세월의 영욕을 함께한 신발
공수래공수거여!
삶은 또 이렇게 우리 곁에 왔다가
홀연히 되돌아간다

*모든 것을 꿰뚫어 보고, 간직하는 스스로 체득한 깨달음. 즉 석가모니부처님이 깨달은 진리

흐르는 길 · 2
— 사라나무 아래 누운 붓다

대림정사를 떠난 낡은 수레
삐거덕거리며 쿠시나가르로 가는 고달픈 걸음
이제 이 바이샬리의 아름다운 망고나무숲을
거닐고 보는 것도 마지막이구나
케사리아 사람들의 슬픈 눈물 강물이 되고
남겨준 바루가 탑이 되고 또 산이 된다
춘다의 공양으로 얻은 복통과 설사병
허청허청 비틀거리면서도 멈추지 않는 걸음
아난다의 눈물이 겨울비처럼 애처롭다
아난다야!
지금 가는 이 길은 내가 가야 하는 마지막 길이니
누구 때문도 누구의 탓도 아닌
오직 내가 가야 할 길이니라
생명 있는 모든 것들은 한결같이 가는 길이며
어떤 술수나 요행으로도 면할 수 없는
반듯이 가야 하는 길이니라

눈에 보이는 것 귀에 들리는 것

혀끝과 손끝을 사로잡는 것
있는 듯 없는 것, 없는 듯 있는 것
이 모든 것은 꿈과 같고 물거품과 같으며
번갯불과 같고 그림자와 같으니라
나는 마지막 가는 길을 여실히 보이고
쿠시나가르에서 남음이 없는 반열반에 들 것이다
슬퍼하지 마라 이제 너의 스승은 오직 너 자신이니
계법에 의지하되 특별함을 좇으려 하지 마라

두 그루 사라나무 사이에 고요히 누운 수레
80층 보탑의 법향이 시공을 넘어 강물이 되고 바다가 된다

흐르는 길 · 3
—우린 쉬라바스티로 간다

새벽 5시 뉴델리공항 터미널
스멀거리는 안갯속
희뿌연 빛으로 겨우 흉내만 내고 서 있는 가로등
도떼기시장보다 더 붐비는 인파들 속에서
우린 럭나우행 비행기를 하염없이 기다린다
기다리고 또 기다리고
또 기다리면서도
시간을 다투지 않는 사람들을 닮아간다
오전 7시에 이륙 예정이던 비행기는
10시가 되어서 기지개를 켜고
뉴델리공항과 겨우 작별을 한다

지난 기다림의 애증과
또 다른 기다림의 시간을 염려하지 않고
우린 붓다께서 25안거를 하루인 듯 선정에 드셨던
쉬라바스티*를 향하여 간다

*기원정사. 인도 코살라국 사위성에 있는 사원으로 '기타태자'
와 '수닷타장자'가 세움. 마가다국 왕사성에 있던 죽림정사와
더불어 불교 최초의 양대 사원. 부처님께서 25안거를 지내신
곳으로 반야부 600여 권의 경을 이곳에서 설하셨다.

금강반야바라밀경

나는 이렇게 들었다

아난다 보리수나무 잎새에 머물던 바람
풀잎으로 내려와 살랑이는 물결이 된다
여래 향실에서 피어나는 법향
쉬라바스티 넓은 정원을 지나
아난다꾸띠로 수부티꾸띠로 퍼져간다
아난다여! 하고 부르는
여래의 법음 꿈결같이 들려온다

탁발하고 돌아와 손과 발을 씻고
공양을 마치고 가부좌로 고요히 앉아 선정에 든 부처님
수부티가 자리에서 일어나 부처님께 예를 올리니
잔잔한 물 위에 물결이 인다
세존이시여!
후세의 중생들이 어느 때 행해야 하고
어느 때 머물러야 합니까?

수부티의 물음이 파도가 된다

수부티야!
연못에 비친 달을 어찌 보느냐?
물 위에 흔적 남지 않는 것처럼
이와 같이 행하고 이와 같이 머무르라
일렁이던 물결이 고요해지고
하늘과 숲과 새들과 풀벌레 소리
보살 연각 성문이 한바다 위에서
무가애(無罣碍) 춤을 춘다

기도

그날
운명처럼 베어마운틴에 있었다

불타는 쌍둥이 빌딩에서 피어오르는
두 줄기 연기

2001. 9. 11 맨해튼은
슬픔도 분노도 붉게 물든 노을빛
천수천안관세음보살님이시여
붉은 노을빛 연기 속으로
소멸해가는 생명들을

당신의 눈으로 살피소서
당신의 귀로 들으소서
당신의 품으로 안으소서

붉은 노을빛으로 감싸주시는 이여
당신의 빛 속에서 하나 되게 하소서

광장에 서다

브란덴부르크
동서 베를린 분단의 벽을 등으로 받쳐지고 섰던 곳
바흐의 협주곡이
골 깊은 영혼들의 피 흘린 가슴팍을 적셔
그날의 아픔을 다독여주는 곳

자유여!
너를 갈망하는 통렬한 외침들이
이 드넓은 광장에서 그리도 애타게 방황했구나
승리의 여신 빅토리아와
콰드리가 전차는 개선의 위용으로만 으쓱였고
가슴 짓누르던 분단의 가위눌림을 풀어헤친 손은
이념도 정치도 아닌 자식을 그리워하고
어미를 찾으려는 오직 그리움 그것이었다

그리움의 광장
그리움이 하나로 이어진 광장

타지마할 · 1

아그라는 눈길 닿는 곳 어디라도
사람과 자동차와 릭샤와 소와 개들이
아무렇게나 뒤엉킨 채
시간의 흐름을 잊고 흙먼지에 덮여 있다
시간의 침묵 속에 한 덩이가 된 나 또한
이 낯선 풍경이 덤덤하게 보이는 것은
담담히 흘러가는 야무나강 탓만은 아닐 거다

타지마할, 무굴제국 사자한이
절절한 연민으로 세운 무덤
15번째 아이를 낳다 죽은 뭄타즈마할
죽어서 더욱 호사한 넋은
하얀 대리석 석관에 누워 지난 세월의 회한을
야무나강에 묵묵히 흘려보내고 있다

달빛 아래 청초한 대리석 꽃무늬는
수많은 발길에 쓸려왔다 쓸려가는 이야기처럼
오늘은 잎새에 부는 바람이 되고

내일은 바람에 흩날리는 낙엽이 된다

타지마할 · 2
— 어머니를 만나다

바윗덩이처럼 무거운 집착을
가슴 가득 안고 사셨던 내 어머니가
오늘은 사자한의 왕비처럼
타지마할의 대리석 석관에 누워 전생 이야기를
야무나강에 흘려보내고 있다

흙먼지 푸석이는 아그라에서
쉬라바스티행 버스에 탄 사람들
그들 모두 돌덩이 하나씩 안고 있을
저마다의 어머니를 만나고 있다

바위 같은 집착을 겨우 떨쳐내며
큰스님 되세요 하시던 절박한 애원이
마지막 숨결이 되어
야무나강물에 비친 저녁노을이 된다

귀향곡

도반 스님들과 뉴욕에 와서
워싱턴시티에서 출발하여 종단으로 거슬러
캐나다 퀘백까지 다녀오는 여행길에 올랐다
길을 따라 끝없이 펼쳐진
산과 강과 호수와 들판
드넓은 미주 동부의 전원 길에
"산을 넘고 물을 건너 고향 찾아서
너보고 찾아왔네 두메나 산골……"
향토색 짙은 목소리
긴―긴 여운을 남기고 퍼져간다

철산 스님이 휴대폰으로 들려준 배호의 메들리 곡이
아메리카대륙을 내 고향 산천으로 둔갑시킨다

사랑의 랩소디

밤사이 눈이 내려
꽃송이가 움츠러들었다

밤사이 기온이 뚝 떨어지면서
봄눈이 내려
꽃송이가 움츠러들었다

밤사이 기온이 뚝 떨어지면서
시샘하는 봄눈이 내려
화들짝 놀란 꽃송이가 움츠러들었다

나뭇가지마다 눈꽃 송이가 한 아름 피었다

눈꽃

하얀 몸짓으로 다가온
밤의 속삭임

뜨거운 가슴으로는
다가설 수 없는
차가운 유혹

쓰러진 고목

바람이 분다
사람과 사람 사이를 잇는 바람이 분다
세상의 아픔을 품은 바람이 분다
아픔을 품으면 굴절이 생기고
사랑을 품으면 샘이 생긴다
강물이 되어 흐르는 물결
돌 틈바구니 돌고 돌아
굴절되고 굽이치는 기쁨과 아픔의 여정이 된다

세상의 아픔을 품으면 옹이가 되고
내 안의 사랑을 함께 나누면 가지가 된다
살아온 날들이 나이테가 되고
못다 한 말들이 단단한 껍질이 된다
99겹 갑옷을 입은 고목이 된다
쓰러진 고목에 이끼가 덮인다

제2부

무문관 · 1

문 없는 문을 연다
문 없는 문을 나와
길 없는 길을 간다

해가 지고
달이 뜬다

추녀 끝에서
하늘을 나는 물고기

무문관 · 2

별밤 지는 소리
물그림자로 일렁인다
낙숫물 소리에
새싹들이 발돋움을 한다

바람은 천지를 깨우고
푸른 잎으로
또 단풍 진 낙엽으로
눈 덮인 산야의 텅 빈 울림으로

깨어나라 한다
일어서라 한다

자취 없는 그림자만이
파도가 되어 출렁인다

납월 팔일 소식
— 길 위에 길을 내다

30년 전 길 떠난 어머님이
30년 후 기일에
납월 팔일의 소식을 묻는다

어제저녁 밤새 꽁꽁 얼어붙은 한강물이
쩡! 쩡!
할(喝)을 토하더니
오늘 새벽 스님의 독경 소리
싸락눈이 되어 길을 덮는다

생야(生也)!
사야(死也)!
부족함도 넘침도 없이 범범함이여

선탈(蟬脫)

능소화 입맞춤에 자지러지는 여름
좌복 위에서 한가로이 조는 노승아
소나무 사이로 스치는 바람결에
한여름 내내 풍류를 즐기던 매미
화들짝 놀라 허물을 벗는다

유마의 방·1

무엇이 참다운 삶에 이르는 길입니까?
운문선사는 손가락으로 달을 가리키며
'떡 먹고 가게나' 한다

무엇이 차별 없는 세상을 여는 길입니까?
조주선사는 찻잔에 비친 그림자를 응시하며
'차 마시고 가게나' 한다

유마는 병문안 온 문수에게
'중생이 아프니 내가 아프다' 한다

오늘 우리가 드는 촛불은
우리가 사는 세상을 깨우는 함성이다
외침이다

유마의 방 · 2

나는 아프다
세월의 장 속에 갇힌 새
몸은 자유를 잃고 키는 한 뼘이나 줄었다
늘어진 고무줄같이 탄성을 잃은 관절과 근육

나는 고뇌한다
몸과 마음의 괴리감으로
삐걱거리는 몸속에 갇힌 촉수는
더욱 예리해진 듯하나 건재함을 과시하려는 몸부림
띄엄띄엄 연결되는 기억들이
스크래치 난 LP판처럼 불협화음을 내며 이어간다
어느 한곳에 멈추어 맴도는 기억과
엄혹한 현실 앞에서 휘청거리며 꺾이는 무릎

그래도 오늘 우리는
유마의 방에서 어머니의 젖 내음을 그리워한다

자취

어느 날 꿈을 꾼다

처음 가보는 곳인데도 낯익은 거리를
처음 아닌 것처럼 휘적휘적 가다
문득 서서 뒤돌아본다
이끼처럼 오랜 내가
처음 가는 길에서 녹슬어가고 있다

성도재일에 거울을 보다

잔잔한 물결 파동이 원을 그리며 일렁입니다
거칠게 일어나던 당신을 향한 마음에
고요히 침잠되는 당신의 모습은
물 위에 떠 있는 하늘이 됩니다
그 하늘 위로 떠가는 산과 구름
나뭇가지를 오가는 새들의 지저귐
사각거리며 서로를 스치는
풀잎의 속삭임이 하나가 됩니다

당신 안에 비친 나 또한
저들의 지저귐과
저들의 속삭임이 됩니다
당신 안에 고요히 침잠하는
산 그림자입니다

이명증

세상 온갖 소리에 귀먹으니
풀벌레 소리 가득하다
아침, 점심, 저녁
하루 온종일
사시사철 귓속의 벌레는 죽지 않는다
어느 날엔
태양풍에 흔들리며 나는
지구의 삐걱거리는 소리 들린다
추녀 끝에 매달린 하늘이 풍경 소리가 된다
까—악 까—악 우짖는 까마귀 울음이
단청 빛으로 부연을 떠받치고 난다
우지끈 우지끈, 한옥집의 자리 잡아가는 소리가
귓속에 가득하다

세상의 소리에 귀 닫으니
세상에서 듣지 못하는 소리 들린다

귀밑에 내린 서리

한 해가 가고 또 한 해가 오는 것이
꿈속에서 꿈을 꾸는 듯 홀연합니다
법형제위께서는
몽중대사(夢中大事)가 여여(如如)하신지요?

귀밑에 서리 내린 지도 십수 년
형형(炯炯)한 눈빛만이
만리청공(萬里靑空)의 새벽별을 뚫는다

봄소식

매화꽃 볼따구니에 붉은 도화살 물오르면
동강(冬江) 얼음장 밑으로 귓불 간질이는
님 소식도 함께 오시겠지요
수덕사 대웅전 배흘림기둥에 기대서서
님 기다린다고 봉할(棒喝)로 다스려줄 조사 있다면
이 봄은 죽어도 행복할 겁니다
님아
어서 오셔요 덕숭산으로
당신의 봉, 할이라면
저는 더욱 크게 웃을 겁니다

그릇

산은 산이요 물은 물이라 말하는 사람이 있다
물이 산이고 산이 물이라 말하는 사람이 있다

산과 물의 경계를 담는 그릇

꽃과 꿀을 찾는 벌 나비가
꽃을 꽃이라 하고
꿀을 꿀이라 하면
벌 성자 나비 성자일까?
뽕밭에 바닷물이 밀려오면
산을 보고 절하는 사람
물을 보고 절하는 사람
극락도 지옥도 없는 평등성지 세상

너구리 극락도

추적추적 늦가을 비 내리던 날
너구리 한 마리
일주문 밖에서 서성이고 있다
비루먹은 털가죽을 타고 내리는 빗물
절름거리는 뒷다리 겨우 끌고
몇 번이고 나뒹굴면서도
기어코 일주문 안으로 기어든다
어찌 저리도 힘겨울꼬?
안고 들어와 먹이를 주려니
한 입도 넘기지 못한 채 헐떡이다
낙엽처럼 생의 끈을 놓았다
바람 한줄기 추녀 끝을 스쳐 지나고
비에 젖은 풍경 소리 먹먹하다

가파른 삶의 무게를 벗는
저 미물도 보는 극락

봄빛으로 오시는 님

한생을 함께 살아온 부부처럼
세월이 비스듬히 기대어온다
그 모습이 낯설지 않다
새싹 움트는 숨결이 정겹다

가슴속이 얼굴빛보다
더 붉게 물들었을 시간을 본다
너무 지나치지도
너무 모자라지도 않는
중용의 미덕을 본다

봄비가 찬란한 빛을
더 밝고 맑게 씻고 있다
님의 향기는 어느 빛으로 오실까?

낙산사 동종

이리도 뜨거운 가슴으로 사무쳤구나
퍼얼~ 펄~ 끓어
불길 속에서 온몸이
용암처럼 흘러내리다가
동해바다 깊고 푸른 물속으로
긴~ 긴~ 울음 토해내다
그대로 굳어 등신불이 되었구나

*낙산사 동종: 1469년 예종 1년에 조성되어 1968년 12월 19일 보물 제479호로 지정되었으나 2005년 4월 5일 화재로 소실되었다. 지금은 낙산사 경내에 화재 시 녹아 흘러내린 모습 그대로 전시되어 있다.

나비의 꿈

꿈속에서 나비가 되어
문득 나를 되돌아본다
장자처럼 나비가 꾸는 꿈속에서
나를 찾는다

내가 타고 있는 몸은 나비가 된 전투기다
나는 그 나비를 조종하는 사람인 듯
사람 아닌 그림자인 듯
추락하는 전투기 속에서 외마디 치는 소리는
파닥거리는 날갯짓

나는 고향의 하늘을 비행하다
고향 하늘로 추락하는 나비다

나는 누구인가?
어디에서 와서 어디로 가는 걸까?
다른 누군가에게
나를 묻는 나는 누구인가?

보이지 않는 누군가도 나에게 그 자신을 묻고 있다
우리들 모두 파닥거리는 날갯짓이 그리는
일렁이는 물결을 보고 있다
시공 안에서도 또 시공 밖에서도
그물에 걸린 세월의 잔상

봄 여름 가을 겨울
빛의 변화를 보고 이름을 붙인다
그 빛깔마다 각기 다른 고향이 된다

제3부

가을비에 젖은 노랑나비

가을비가 내린다
마른 나뭇잎을 타고 내리는 빗물이
복받치는 한숨이 된다
잎 진 나뭇가지마다 맺힌 빗방울이
실에 꿴 구슬이 되어 가을빛을 담는다

어느 봄날
가슴 미어지게 아팠던 기억이
구슬마다 서러움으로 어린다
세찬 물굽이에 무참히 묻힌 생명들
차갑게 뺨을 적시는 빗물이
세월호의 잔상으로 각인되고
그 잔혹한 아픔도
나비가 되어
하늘 가득 날아오른다

마음의 빗장

2018년 4월 27일 판문점 도보 나무다리 위
녹슨 군사분계선 표지판을 어루만져보고
남북의 두 정상은 작은 테이블에 마주 앉았다
마른 갈대의 서걱거리는 속삭임보다 은밀하게
70년 빗장을 여는 눈빛 대화를 나눈다
나뭇잎과 새소리와 지켜보는 수많은 눈빛이
바람결에 고요히 흔들리고
우리들 모두 들리지 않는
그들의 속삭임에 촉각을 세운다

70년간 지극히 아껴온 말들이
바람 소리 되고 새소리 되고 나뭇잎 흔들림이 된다

노벨평화상은 트럼프가 받으면 되고
우리는 평화만 있으면 된다는 문재인 대통령
남북 화해의 시작은
마음의 빗장을 여는 이곳에서부터다

6·25동란보다 처참한 핵전쟁을 불사하겠다는
어린아이 치기 같던 트럼프와 김정은의 말싸움
금방이라도 한반도가 불바다 속에서 타오를 듯하다가
천지가 나누어지기 전에 있었던 통일나무에
봄바람이 스쳐 새순이 움튼다

스치는 바람결에 묻어오는 새소리
연초록 풀잎에서 하늘빛 소식 기다린다

분노의 봄

　2014년 4월 16일 인천항을 떠나 제주로 가던 여객선 세월호는
　진도 팽목항 부근에서 좌초하여 수백 명의 생때같은 목숨을
　눈 뻔히 뜬 채 수장시켰다
　선장은 팬티차림으로 술에 취한 채 제일 먼저 도망을 가고
　누구도 책임지고 구제하는 사람 없이 우왕좌왕했다

　이 나라 컨트롤타워인 대통령은 7시간 동안 종적이 묘연하다
　뒤늦게 나타나 자다가 봉창 두드리는 소리로
　"모두 구명복을 입고 있다는데 그렇게 찾기가 어렵나요?" 하며
　어이없고 기가 막힌 썰을 풀었다
　부끄럼이 없는 한심한 작태는 금수보다 비열하다

　인간을 구원하겠다는 원대한 포부로 위장한 사교 집단

국민의 행복을 최고의 실천 덕목으로 포장한 탐욕스런 정치는
　어이없는 이 참담함마저 기만하고
　책임 전가하기에 급급한 졸렬함으로 몰염치와 부도덕의 산이 되었다

　울화증은 해를 몇 번이나 넘기고도 치유 능력이 상실되어
　오히려 또 다른 바이러스가 몇 겹으로 퍼져
　청춘의 봄을 병들게 한다

멸도(滅道)
―로드 킬

1979년 10월 26일 궁정동 하늘은 선홍빛으로 물들었다
시계(視界) 제로
12·12로를 질주해온 폭주족은 거칠 것이 없다
중화기로 살벌하게 중무장한 당랑들
광주의 풀무치들을 처참하게 휩쓴 5·18로에는
가슴 짓이긴 잿빛 하늘이 몇 날 며칠 동안 통곡을 하고
폭주족 당랑은 눈에 거슬리는 것들은
모조리 잡아들여 메뚜기 옷을 입힌 후 삼청교육대로 보냈다
모래시계는 핏빛으로 물들어갔고 모든 길을 폭주족들이 장악했다
메케한 최루가스와 화염병과 돌멩이와 군화 소리와 외마디 소리들이
시큼한 땀 냄새와 핏물에 쩐 진한 신음 소리가 한데 엉겨 배어들었다

1980년 10월 27일 새벽
"대한불교조계종의 모든 사찰을 점령하라."는 지령이

떨어졌다
　공비토벌하듯 군, 경, 예비군 합동작전으로
　새벽 산사에 들이닥친 폭주족들은 스님들을 쥐 잡듯 몰아붙였다
　폭주족 지지성명을 끝까지 거부한 대한불교조계종 송월주 총무원장과
　원로 중진 말사 주지들까지도 눈에 거슬리는 승려들은
　모조리 메뚜기 옷을 입혀 삼청교육대로 보냈다
　파렴치범으로 부정축재자로 폭력 승으로 이름표를 붙여주었다
　전기통닭구이와 고추구이까지 당했다

　1988년 11월 23일 폭주족 우두머리가 설악산 백담사로 유배됐다
　함박눈이 무릎을 훨씬 넘게 쌓인 겨울
　스님들이 아궁이에 군불 지피고 군고구마 구워먹었을 그 아궁이에
　그가 장작불 지피면서 했을 생각은

'으~ 춥다! 눈도 엄청 오네.' 했겠나? 아니겠지……
'내가 빼앗은 세월의 아픔이 천지에 가득하니
쌓이는 눈처럼 원한도 깊겠구나.' 했겠지……
그도 인간인데 최소한 그래야겠지

옴 살바 못자모지 사다야 사바하*

29만 원짜리 인생이여!
그대 로드 킬한 삶의 무게는 얼마인가?

---

*참회진언

바람개비

봉하마을에는 노란 바람개비가
부엉이바위에서 불어오는 바람을 향해 손을 흔든다
빙빙 돌아가는 손에는 노란 풍선이 나부낀다

녹슨 철판 위에 누운 묘비석에 새겨진 이름
대통령 노무현
바람개비를 돌리는 바람이 된다

대학살

  2010년 가을에서 2011년 봄까지
  우린, 우리가 겪은 가장 참혹한 일을
  그 현장에서 지극히 귀찮은 정도의 뉴스거리로 귀뿌리에 흘려보냈다
  처음, 안동 어디쯤에서 구제역이 발병했다는 뉴스를 들었을 때만 해도
  이렇게까지 몰고 갈지는 아무도 예측하지 못했다
  몇백 마리 살처분이 어느 순간 한반도를 쓰나미처럼 덮쳐왔다
  100만 마리 살처분 매몰, 250만 마리 살처분, 350만 마리 매몰, 400만 마리……
  더 이상은 숫자마저 밝히지 않았다
  새끼를 낳고 있는 어미를, 이제 막 어미의 태를 달고 나온 새끼를
  마구, 마구, 죽이고, 죽이고, 또 죽였다
  핏물이 대지를 적셔 비릿한 냄새와 끈적한 기름띠가 빗물에 배어 나왔다

두렵고 무서운 폭풍이 몰아치던 밤*
아버지는 끝내 아이의 생명을 지키지 못했다

일본열도를 덮친 지진 쓰나미 소식에 400만 생명의 맥없는 죽음도
함께 묻혔다

*슈베르트 곡「마왕」에서 차용

설악 무산의 봄꿈

오지랖이 10만 8천 개인 스님
양아치 떨거지 시정잡배에서부터
시인 묵객 고관대작에 이르기까지
정치 경제 문화 사회에
손길 두루 미치지 않은 곳이 없던 스님
그 손길이 감미로워 많은 떠도는 이들이
그 손길 안에 들기를 바랐다

소탈한 웃음도 찻잔 속에 맴돌던 향기도
무애(無碍)한 담배 연기와 함께
무술년 하안거 결제에
천 년의 정적 속 무문관으로 들어가
영원히 문을 닫았다

난 그냥 한세월 만해 장사해서 수지맞았는데
너희들은 '오현 장사'해서 수지맞겠나? 하며
껄껄 웃던 모습이 어린아이 같던 스님
그렇게 왔다 그렇게 가는 길에

아득한 성자의 봄꿈이 깊어간다

포물선

소멸해가는 기억의 끈을 붙잡고
시간의 그림자를
허공에 쌓았다가 지우기를 반복하는
되새김의 몸짓
바람으로 왔다 바람으로 가는
생명의 그루터기
종이비행기처럼
날았던 기억만을 간직한 꿈
저 높게 자란 나무의 우듬지에서
내려다본 세상도 종이비행기 날다
내려앉은 땅

그 땅에 싸락눈이 내리면
어머니의 품속이 그리워진다
마지막 끈을 붙잡고 있던 은행잎 하나
반원을 그리며
옹이 박힌 아버지 손바닥 같은 떡갈나무 위로
떨어진다

막 핀 꽃

여린 가슴에 설렘으로 피어난 꽃
나뭇잎 사이로 바람결이 속살거리며
저물어가는 길목에서 서성이고
산기슭 돌고 돌아 바다 끝자락에 매달려
빙그레 웃음 짓는 섬마을처럼
떠나가는 길섶에서
끝내 돌담길 붙잡고 피어난 전설이 된다

끝없이 이어지는 이 땅 이 하늘에서
몇 번이고 발자취를 더듬어가며
한사코 지난날의 기억을 되새기다
사위어가는 이내의 빛으로 피운 꽃

우담바라

우린 오늘 어디에 서 있는가?
그리고 또 우린 무엇을 보는가?

삼천 년에 한번 핀다는
우담바라 꽃이 지천으로 피는 곳
부처님 눈썹에도 피고
예수님 십자가에도 피고
문지방에도 피고
화장실 변기에도 피는 세상

우담바라 꽃 피면
부처님이 출현한다던 전설이
아직도 우리를 설레게 하는 것은
우리가 바라는 것들이 얼마나 간절했으면
풀잠자리 알을 보고도
전륜성왕의 출현을 기대하며
우담바라 꽃이 피는 꿈을 꾸는 걸까

우리가 바라는 세상은
특별한 세상이 아닌
우리의 아이들이 안전하고 평화롭게
자유로운 세상에서 풀잠자리처럼 사는 거다

우리가 아침저녁 기도하며
꿈꾸는 세상은
우리의 어머니 아버지가
우리의 언니 오빠들이
가족과 이웃을 함께 생각하고
작은 것이라도 함께 나눌 줄 아는
소박한 세상이다
그러면 굳이 우담바라가 피지 않아도 괜찮다

기억의 소실점

기억의 시간을 거슬러 가다 보면
기억의 소실점에 다가갈수록
점점이 흩뿌려진 기억의 파편들이
안개처럼 희미해지다 끝내는 아득해진다
기억의 시간 속에서 지워진 일들이
기억의 DMZ를 경계로 마주 선다
바다가 그린 섬마을 풍경처럼

밀물과 썰물에 헤아릴 수 없이 지워졌다
다시 그려지기를 반복되는 일상들
세월을 거스르고 또 거스르면
그 무엇으로도 기억되지 않지만
날마다 만났다 잊히는 일상의 잔상들은
아픈 기억 속의 파도 소리가 된다

애써 살아온 수많은 흔적들이
한 알 한 알 모래알로 씻겨
전설이 되어 쌓여가고

어머니 품에 안긴 갓난아이의 옹알이
천지분간 모르고 천방지축 나대던 혈기
임종을 앞둔 꺽꺽이는 거친 숨소리
해조음이 되어 밀려왔다 밀려간다

무지개 꿈

무지갯빛으로 치장한 세상에서
무지갯빛 꿈을 먹고
무지갯빛 똥을 싸는 사람들

서기 2000년 1월 1일
무지갯빛 꿈이 펼쳐질 세기의 새날
24시간도 모자란 듯
밤낮도 없이 지상파와 공중파의 모든 입을 통해
무지갯빛 찬란한 말 잔치로
무지갯빛 세상에
덧칠에 개칠을 해간다
그들이 만들어가는 세상은
온통 무지개 똥색이다

갖가지 폭력과 테러가 쓰레기 더미가 되고
거짓과 위선이 진실로 위장되어
풍선처럼 밀도가 허전한 세상이 된다

텅 빈 겨울 산에 바람이 일고
고요한 누마루에 달빛이 스며든다

성스러운 손

뇌병변 장애인 김수영
세 살까지 앉지도 못하다가
어머니의 이끎으로
앉고 서는 모진 훈련을 시작했다
피눈물이 삿자리를 적시고
살갗이 터져 너덜너덜
여섯 살 되던 날 어머니께 생일 선물로
걸어서 방을 한 바퀴 도는 것을 보여주었을 때
어머니의 뜨거운 눈물이 가슴을 적셨다
초등학교 4학년 어느 초여름날
혼자서 처음으로 학교에 등교
온몸이 땀투성이 흙투성이 피투성이로 범벅이 되고
찢기고 터진 무릎과 팔꿈치와 이마에는
응고된 피딱지와 새로 터진 생채기에 흐르는 피가
흙먼지로 짓이겨져 무수히 덧칠이 됐다
어머니는 그 뒤를 피눈물 흘리면서 숨죽이며 따라갔다
교실 유리창으로 밖을 내다보았을 때
힘겨운 걸음으로 되돌아가는 어머니의 지친 모습에서

흙먼지로 범벅이 된 자신이 흘린 모진 땀방울과 핏물보다
　더 진한 아픔과 서러움을 보았다
　친구들의 조롱과 비웃음을 극복하는 방법으로
　오직 공부에만 몰두했다
　대학을 진학하던 날 어머니의 가슴에 안겨
　모진 세월을 이긴 기쁨과 서러움의 눈물을 함께 흘렸다

　그를 이끌어준 성스러운 손
　손마디 굵고 주름진 어머니의 손

*2011. 12. 14. MBC 라디오 양희은 강석우의「여성시대」방송을 듣고 씀.

금호역에서

언 발을 동동거리며 실눈으로 응시해보는 금호역 3번 게이트
한강을 거슬러온 봄기운이 귓불을 녹이기에는 아직 숨차다
금호동 사람들의 땀 냄새 밴 비좁은 골목길
재개발로 텅텅 빈 집들이 귀신 나올 듯 을씨년스럽다
메뚜기 마빡 같은 골목길 따라 구불구불 오르다 보면
넉살 좋은 관음사 부처님 있을 텐데
하룻날은 담장 넘어 육덕 좋은 김씨네 육두문자 소리 들으며 웃고
하룻날은 비렁비렁한 스님의 풋내 나는 염불 소리 들으면서 웃는다
이 골목 어디쯤에 옹기종기 모여 소꿉 놀던 아이들
가래 끓는 소리 뒷짐 진 위엄으로 겨우 체면을 세우던 구씨 할배
덧없는 세월이 퍼석한 제삿밥 같다

시계추처럼 바뀌어가는 신호등 빛

빨간불에서 파란불로 또 파란불에서 빨간불로 바뀔 때마다
오가는 사람들과 자동차들이 반복하여 점령하는 거리
부동산 중개사와 집주인이 때 아닌 겨울비에 젖어
휴지처럼 툴툴거리며 약속 시각보다 늦게 도착했다
우린 무엇을 기다리고 또 어디로 향해가는 걸까?
가랑비는 어느새 함박눈이 되어 내리고
이 거리를 오가는 사람들의 이야기가 되어 쌓여간다

흡혈귀

세상의 모든 어미들은
자식이 스스로의 날개에 세상을 품기를 기다리지만
그들 모두 생존의 냉혹한 룰에 의한 경쟁자가 된다
스스로 날지 못한 것들은 다른 생명의 거름이 되고
또 다른 생을 위한 선근의 씨앗이 된다

인간의 자식은
탐욕과 집착의 덫에 걸려
어미의 심장과 아비의 정수리에 빨대를 박고
삭정이처럼 말라비틀어질 때까지 기생한다
열등한 생명들의 반란

봄이다
얼었던 대지가 몸을 풀고 기지개를 켠다
생존을 위한 무한 경쟁력이 잠자는 생명을 깨운다
이 찬란한 날 인간의 계절은
고등교육을 마치고
최고학부를 마친 자식마저도 버리지 못해

꼭꼭 품고 사는 겨울이다

관심

인간들이
인공지능에게 가장 많이 묻는 질문은
"너 나 사랑하니?"
인공지능은 담담하게 대답한다
"외로우신가 보죠?"

항상 사랑하고
사랑받기를 원하는 인간들이
진짜 원하는 것은
관심에 대한 확인이다
사랑하고 사랑 받으면서도
항상 외로운 인간들은
오늘도 마냥 배가 고프다

제4부

소이 할매

산청군 신안면 소이리
문가학이 정취암 구미호에게 배운 둔갑술 부려
세상을 바꾸려던 꿈이
연못 속에 적몰된 곳
나고 늙은 80 평생이 어제 같다

가슴속에 품고 있는 고양이
들썩이는 어깨가 애처롭다
산신각에 기는 듯 겨우 올라
가르릉거리는 거친 숨길
솔바람 소리로 다독이면
산신 할매인 듯
사람들이 합장하고 자꾸 절한다
"허허 이 사람들아 산신 할배가 시샘할라"
웃는 모습 구름 같다

연우 모친 소풍가던 날

5월 5일
꺾일 듯 꺾일 듯 굽은 구십의 날개를 접고
새처럼 냇물처럼
어린 날의 꿈속으로 가쁜 숨 몰아쉬며
그렁한 눈물 차마 흘리지 못한 채
꼭두새벽에 길 떠난 그녀

마산 어느 장례식장
그녀의 소풍 길 배웅하는 문상객 속엔
시인 천상병은 없었다
그는 벌씨로 급해서 먼저 갔다
막내딸 연우가 밤늦게 도착했다
가족들이 우르르 달려들어
왜 이제 왔냐고 할퀴듯 물었다
"너 못 잊어 어매가 눈도 못 감았다 아이가"
"그래 마—따 아이가"
맞장구마저도 참말인 듯했다

할매, 숨 가뿝니데이
천천히 가이소

어머니의 노래

우리 절 딱따구리는 스님보다 염불을 더 잘해
날마다 느티나무에 목탁 소리를 건다

연초록 푸르름이 쑥개떡 향기로 번지는 날
딱따구리는 나무를 너무 쪼아 편두통을 앓는다
나무에 매달린 목탁 소리가
바람이 불때마다 염불 소리가 된다

나뭇등걸에 뚫린 구멍에서 밤낮없이 염불 소리가 난다
어머니의 웅얼거리는 기도 소리 되어 하늘로 퍼져간다
하얀 카네이션 꽃다발이다가
이팝나무에 소복소복 담긴 흰 쌀밥이 된다

—날아라 새들아 푸른 하늘을
—낳으실 때 괴로움 다 잊으시고
—스승의 은혜는 하늘 같아서
—깨어나서 외치는 뜨거운 함성

목울대를 울컥이는 오월의 노래가 되어 울려 퍼진다

소나무 존자

청청한 줄기에 번개 치듯 파고든 경련
15년인가 17년인가를 안으로 삭히다
결국 맥을 놓고 잎사귀가 붉게 물들어간다

조용미 시인이 가녀린 손으로
수도 없이 쓰다듬으며 속삭인 이야기가
문인수 시인의 절박한 노래가
우레 삼킨 생채기에 어리고
오가는 사람들의 이야기가 되고
전설이 되던 꿈이
거북등 같은 껍질 속에 침잠되어
황금빛 버섯을 피워낸다

정취암 삼성각 앞 우레 먹는 소나무는
고사목이 되어가며 그렇게 서 있다

블루문

소원을 말해 봐
너의 가슴속 푸른 꿈이
두 번 만개하는 날
너를 향한 나의 마음은
하늘 가득 부풀어 오를 거야

나의 꿈이
너의 가슴속에서 눈뜰 거야

차창에 비친 흔적

차창에 스쳐 지나는 풍경들이 달음질친다
뒷걸음질 치는 속도가 내 눈빛과 교차되고
앞으로 내달리는 버스에서 뒷걸음질 치며
멀어져가는 풍경을 좇다
한 지점에서 멈추어 선다

하늘은 그 자리 그대로다
바람이 스쳐간 흔적만
길게 늘어진 구름 띠에 담긴다

살아온 흔적은
몸에 문신처럼 담기는데
마음 위로 스쳐간 희노의 감정은
어느 구름 띠에 새겨질까

바람은 소곤소곤 나뭇잎에
이야기를 새기고
산허리 감아 도는 구름은

보고들은 이야기를 비로 내린다

아지랑이

어디서 온 걸까?
밀려왔다 밀려가는 파도는
수평선 그 너머에서 불어오는 바람의 기억
어린 시절 고샅에서 뛰놀던
어릿어릿 스쳐가는 아련한 얼굴들

어디로 가는 걸까?
젊은 날의 소요와 설렘으로 들뜬 이야기는
고뇌의 깊이만큼 살갗에 패인 비문이 된다
삶은 그림자처럼 왔다 또 바람처럼 가는
희뿌연 시간

연등

노랑 빨강 파랑 연초록 잎새마다 핀 연등
봄꽃 잔치에 초대받은 새들도 벌 나비도
어린아이도 아줌마 아저씨도
저 숲속에서 음유시인이 된 할머니 할아버지도
청춘의 바다에서 환희의 노래를 부릅니다

주렁주렁 매달린 웃음 참지 못해
머금은 밥풀 마구 터트리는 저 금낭화
입가에 수줍은 미소 사알짝 감춘 노루귀
새침데기 설앵초 붉으래 물든 볼따구니
화사한 몸짓으로 어디라도 펄펄 날리는 왕벚꽃
온 산을 불 지르고도 성에 안 찬 진달래 철쭉
손에 손에 촛불 켜들고 봄의 성가를 부르는 소나무
한 줌 가득 움켜쥔 꿈 활짝 펼쳐
누구에게라도 선선히 나누어주는 통 큰 머위
고운 자태 맑은 미소 선녀인 양 하늘에 비친 하얀 목련
부처님 오신 날 꽃등 잔치

모내기 풍경 · 1

  황소 등에 쟁기를 매달고 가르마 타듯 논바닥을 갈아 엎은 후
  봇도랑 물꼬를 터 가르마 등대기가 잠길 듯 물을 채운다
  쟁기를 떼어내고 써레를 바꿔단 후 미끄럼 타듯 물살을 가르며
  골진 바닥을 굴곡 없이 평평히 고른다
  물수제비뜨는 제비들이 제트기처럼 빠르게 그 위를 난다
  한 뼘 넘게 자란 모를 찌는 아낙네들의 손놀림도 경쾌하다
  콧노래 소리에 흥을 돋우다가
  만석이 아재 선소리에 맞추어 합창 소리 들녘을 채운다
  모 시중하는 아이들도 더덩실 춤바람난다
  못줄 넘기는 손이 경쾌해질수록 모심는 손놀림도 바빠지고
  물살 가르는 소리가 장단을 이룬다
  줄 넘어가요~
  새참 나올 즈음이 가까워지면 개구리 떼같이 아이들도

함께 모인다
　못밥에 생선찜이 어른도 한몫이고 아이도 한몫이다

　물빛에 일렁이는 하늘 가득
　산 메아리 소리 들 메아리 소리

모내기 풍경 · 2

널따란 들판에 덩그러니 홀로 선 트랙터
물살을 가르는 뒤꽁무니 따라
물수제비뜨는 제비 몇 마리만 분주하다
모 찌는 아낙들의 콧노래 가락도
모 시중드는 막봉이도 없다
새참 때가 되어 모여들던 아이들도
못밥에 곁들어지는 푸짐한 생선찜도
와자지껄하던 웃음소리도
어느 들녘에서도 볼 수 없다

새참은 북경장 철가방에 들려온 짬봉밥이다
이앙기에 모판을 싣고 운전하는 경식이 혼자다
직파재배하는 일남이네도 혼자 다 한다

뻐꾸기 소리도 홀로 자지러진다

시월의 노래

시월 마지막 날
가을빛이 낙산사 앞 동해바다에서 자맥질한다
해당화 붉은 절규는
동해의 일출에서 설악의 낙조까지 물들이고
출렁이는 파도 소리에 먹먹한 해국은
벼랑 끝에서 온몸으로 가을을 붙들고 있다

무엇이 이토록 절절할까
저리도 통렬히 피맺히는 까닭은
사바의 애증과 집착 다 떨쳐 뿌리치고 부르는
환희에 찬 해탈의 노래다

태어나는 것, 그리고 떠나가는 것

손뼉과 환호 소리에 힘을 내어
뒤뚱거리며 내딛은 첫걸음이
죽음을 향해 떠나는 첫걸음이다
열 달 동안 뱃속에 담고 바람 앞의 등불 지키듯
애지중지하던 애틋한 모성

땀과 피와 몸부림과 처절한 아픔과 찢어지는
절규로 떠나보내는 일성의 외마디
아들이야?
딸이야?
손가락 발가락은 다 있어?

허공을 향해 버둥거리며 뒤척이다가
기어 다니다가 한사코 일어서다가
뒤뚱거리며 넘어지기를 반복할 때마다
박수와 환호 소리!

노—란 병아리 모자 쓰고 유치원 가는 아이를

바라보는 설렘이 기쁨에서 열정으로 변해가다
그래도 마지막까지 놓을 수 없는 절절함이
어머니의 그 어머니의 어머니를 닮은 것도
DNA에 저장된 암호 때문일 거다
업과 DNA의 미묘한 조합

나는 날마다 나를 보고 있다
내가 살아가는 삶의 뿌리와 줄기와 가지와 이파리와
그 모든 것들이 떨어져 허공으로 곤두박질치는 소리를
태어남의 소리와 죽어가는 소리가 다르지 않음을

회춘

겨우내 꽁꽁 얼었던 땅을 헤집고 올라온 것은
여리디여린 솜털에 싸인 눈썹 같은 숨결이다
삭정이처럼 숨죽이고 있던 가지에
티눈처럼 눈을 떠
부풀은 꽃망울로 세상의 꿈을 품고
젖몸살을 몇 번이나 더 앓고 난 후
물오른 처녀 가슴 벙그러지듯
몽환의 설렘으로 아지랑이 꽃 피운 날
봄날이 온다

연(緣)·1
—웅이

2012년 4월 23일
웅이와 함께한 봄은 그렇게 왔다
또 그렇게 갔다

14년의 세월이 밤새 눈물 되어 흐른다
98년 어느 봄날 안개비 사이로 내게 온 웅이

밤새 코골이 소리 바람 소리 되어
문풍지를 흔들다 그 소리 잦아든 곳에
자는 듯 누웠다

너를 보내고 우울해하는 '곰'이 보기에 딱해서
하얀 진돗개 하나 데리고 왔다
너를 그리워하는 마음으로 '작은 웅'이라고 이름 지었
다

연(緣)·2
―곰이

2007년 8월 22일 밀양 반야정사에서 분양되어 정취암에 온 아이
2009년 8월 둔철 오정환 집 옆에 설치한 올무에 걸려 13일을 사경 헤매다
배와 다리가 절단되기 직전에 겨우 너를 찾아 품에 안고
너무도 미안하고 너무도 마음 아파 함께 울었다
한없이 어질고 수사자처럼 멋스러운 너를
우린 바라보는 것만으로도 행복했다
많이 사랑받은 만큼 많이 아프고 많이 고달픈 삶이었지만
너를 기억하고 함께 기뻐했던 날들이 사무치게 그립다
올무에 걸린 후 파상풍으로 몇 번이나 온몸이 짓물러 흐르는
피고름과 냄새가 너의 의젓한 자태를 무너뜨렸다
2015년 5월 15일 흐르는 피고름과 역겨운 냄새를 일순간에 모두 거두어 가

아팠던 자취를 맑혀 놓고 떠난 너는
죽음마저 고고한 자태를 잃지 않았다
주차장 옆 '웅이'가 잠들어 있는 옆자리에 너를 묻고
너를 보내는 내가 눈물로 안타까워하면서도
다음 생에 다시 만날 것을 알기에 너무 슬퍼하지는 않겠다

네가 떠난 자리를 우울해하며 지키는 '작은 웅이'가 애처로워
너 닮은 아이 하나 데리고 왔다
이 아이는 이름을 '망고'라고 지었다
'작은 웅이'가 너에게 재롱 피우던 것처럼
'망고'도 똑같이 날마다 재롱을 부리며 커가고 있다

연(緣)·3
─보리에게

2008년 2월 어느 날
충무로 대한극장 옆 애견숍을 기웃거리다
♥♥숍 윈도우 앞에서 발길이 멈췄다

한 움큼 겨우 될 듯한 작은 몸을 움츠리고
자는 듯 애처롭게 엎드려 있는
애기 말티즈를 하염없이 응시하며
한 시간, 두 시간……
그래도 움직임이 없는 이 아이에게
아무런 이유도 아무런 조건도 없이 그냥 마음이 끌렸다!

오늘 너를 만남이 처음이 아니구나……
너를 그리워한 날이 몇 생이나 되겠구나
그리움은 너와 내가 입은 옷 모양의 외형적 모습인
사람이나 강아지가 아니고
너를 사랑하는 만큼의 그리움의 무게이다

이름은 무엇으로 할까 생각하다
금생에는 모든 업의 무게를 벗고
지혜를 닦아 해탈에 이르라는 뜻으로
보리(菩提)라는 이름으로 가족이 되었다
보리는 사람을 좋아한다
찾아오는 사람 누구에게라도 한번 안기고 싶어 안달하다
한번 안긴 후엔 돌아서서 다시 가지 않는 까칠한 신사가 되었다
보리는 주머니 속이나 가방에 들어가 함께 다니기를 좋아한다
두 뼘만큼 큰 성견이 된 후에도 가방만 보면 들어가 앉는다

어느 날 진드기에서 감염된 바베시아균이
너의 적혈구를 갈아먹어 빈혈로 쓰러졌다
눈물 콧물 범벅이 되어
너를 안고 병원으로 달려가 입원시키고 나니

여리디여린 발목에 링거와 수혈 주머니를 달고
몸도 가누지 못하고 누워있는 모습에 마음이 찢어진다
팔이 저려 지르는 비명이
겨울 산을 울리는 설해목 찢기는 소리 같다
아픔의 절규는 강아지도 사람도 다르지 않다
중생이 아프니 내가 아프다는
유마의 신음 소리가 귓가에 쟁쟁하다
6개월간의 사투를 겪으면서도 너는
고맙게 잘 견디어주었다

10년이 지나고
또 10년이 지나면
우린 제각기의 다른 모습으로 만나고 있으리라

해설

발고여락(拔苦與樂)을 향한 두타행

오세영(시인, 서울대학교 명예교수)

1.
처음 대하는 독자들은 대체로 이 시집의 시들이 요즘 우리 시단의 유행 풍조와는 다른 몇 가지 중요한 특징을 보여주고 있다는 사실에 동의할 것이다.

하나는 이해하기 쉽다는 점이다.

그 어떤 것도 난해하거나 문제적이지 않다. 한글을 깨우친 사람이라면 그 누구라도 마음 편히 읽을 수 있어 고등교육을 받은 지식인들은 물론 무학의 촌부 촌로들 역시 거리낌 없이 다가갈 수 있는 시집이다. 그렇다고 이 시집의 내용이 유행가적 센티멘탈리즘이나 얄팍한 일상사에 머무르고 있다는 뜻은 더욱 아니다. 이해하기 쉽다는 것과 그 추구하는 내용이 일천하다는 것은 별개이다.

평범한 내용을 일상의 언어로 이야기한다는 것은 누구나 할 수 있다. 그러나 깊이 있는 의미를 쉽게 풀어쓴다는 것은 아무나 할 수 있는 일이 아니다. 그러한 의미에서 이 시집의 시들은 요즘 우리 시단에서 일대 유행을 일으키고 있는 사변적이고, 언어 왜곡을 일삼고, 정신을 해체하고, 난삽한……. 그래서 그들 스스로 소위 '현대시'라고 지칭하는 그런 류의 시들과는 본질적으로 다르다. 나는 수완 스님이 시류나 유행에 거리를 두고 이렇게 자신만의 시의 문법을 온전하게 지키려 한다는 사실을 높이 평가한다. 한마디로 수완 스님의 시들은 평이한 어법으로 깊이 있는 인생론적 진실을 곡진하게 펼쳐 보여준다는 데 그 일차적인 특징을 지니고 있다.

다른 하나는 그 소재의 향토성(鄕土性)이다.

이 시집의 시들이 대체로 불교적 세계관을 형상화하고 있다는 점은 뒤에서 충분히 논의될 터이다. 그러나 그 이외의 시들은—이와 대조하여—대체로 향토적 삶을 향토적 소재로 노래한 작품들이다. 여기에는 물론 향토적 소재로 쓴 불교시들 또한 적지 않고 특별히 도시 삶을 형상화한, 예외적인 것들도 없지는 않다. 그러나 전체적으로 볼 때 그러하다. 그것은 수완 스님이 주거하고 있는 생활공간 즉 정취암이 자리한 영남 남부지역의 향토성을 반영한 것이라 하겠으나 그보다는 불교적 세계관과 융합된 그의 자연 친화적 삶 혹은 자연 탐구적인 인생관에서 오는 영향이 더 크지 않을까 생각한다. 사계절의 반복과 불교의 윤회사상, 초목(草木)의 생멸(生滅)과 무상(無常)의 불교 존재론은 사실 한 동전의 양면이 아니던가.

   황소 등에 쟁기를 매달고 가르마 타듯 논바닥을 갈아 엎은 후
   봇도랑 물꼬를 터 가르마 등대기가 잠길 듯 물을 채운다
   쟁기를 떼어내고 써레를 바꿔단 후 미끄럼 타듯 물살을 가르며
   골진 바닥을 굴곡 없이 평평히 고른다
   물수제비뜨는 제비들이 제트기처럼 빠르게 그 위를 난다
   한 뼘 넘게 자란 모를 찌는 아낙네들의 손놀림도 경쾌하다
   콧노래 소리에 흥을 돋우다가
   만석이 아재 선소리에 맞추어 합창 소리 들녘을 채운다
   모 시중하는 아이들도 더덩실 춤바람난다
   못줄 넘기는 손이 경쾌해질수록 모심는 손놀림도 바빠지고
   물살 가르는 소리가 장단을 이룬다

줄 넘어가요~
새참 나올 즈음이 가까워지면 개구리 떼같이 아이들
도 함께 모인다
못밥에 생선찜이 어른도 한몫이고 아이도 한몫이다

물빛에 일렁이는 하늘 가득
산 메아리 소리 들 메아리 소리
―「모내기 풍경 · 1」 전문

 늦은 봄, 농촌의 모심는 정경이 하나의 수채화처럼 그려져 있다. 비가 흡족히 내려 논 가득히 물살이 잠방대는 무논, 그 위를 스치듯 나는 제비 떼, 모를 찌는 아낙네의 부지런한 손놀림, 격앙가를 부르는 농부들의 모심기, 새참을 나누는 그 푸짐한 농경 공동체의 인심, 이 모두는―지금은 다소 사라지기는 했다 하나 소중히 간직해야 할―우리네 농촌에서 흔히 볼 수 있는 풍경들이 아니던가. 직접적으로 불교시를 지향하지는 않았다 하나 그의 향토시들은 이처럼 우리의 전통적 삶의 아름다움과 그 안에 내재한 자연주의를 하나의 이상으로 탐구하고 있다. 이 또한 분명 정신 분열적인 것, 무의식 무의미적인 것에 집착하고 있는 요즘 우리 시의 유행 세태와는 온전히 다른 수완 스님만의 시 세계라 할 것이다.

시는 지적 엘리트를 자처한 어떤 특수한 소수 계층이나 집단 혹은 별난 취미의 전유물이 아니다. 더욱이 그 '자처하는'바 '지적 엘리트'라는 것이 공연한 속임수이고 허장성세에 지나지 않은 것이라면 더 말할 나위가 없다. 시는 만인(萬人)의 것이어야 한다. 만인에게 감동을 주고 만인의 인간성을 보다 고귀한 차원으로 상승시킬 수 있어야 한다. 민중의 것이 되어야 한다. '시의 언어'를 '민중의 언어'로 해방시킨 톨스토이가, 워즈워드가 그러했듯……. 그러한 의미에서 가장 쉽고 진솔한 언어로 향토민의 삶을 탐구한 수완 스님의 시들은 오늘의 우리 문학에서—현대에도 독일 문학의 한 전통으로 면면히 이어져 내려오는—이른바 향토문학(Heimat Kunst)의 한 전형이 될 수 있을지 모른다.

2.
그러나 뭐니 뭐니 해도 이 시집의 중요한 특징은 그것이 불교적이라는 데 있다. 거의 모든 시가 불교 세계를 언급하고 있거나 불교 세계를 지향한다. 이는 누가 보아도 한눈에 들어오는 특징이므로 굳이 예를 들어 설명할 필요까지는 없을 것 같다.
제1부의 시들은 기행시들의 모음이다. 대체로 인도의 성지 순례길에서 석가세존의 발자취를 회억(回憶)하는

내용들이다. 물론 여기에는 예외적으로 「눈꽃」, 「사랑의 랩소디」 같은 몇 편의 연시들이나 뉴욕, 부란덴부르그, 뉴델리, 타지마할 같은 곳에서 쓴 시들도 없지는 않다. 그러나 이 역시 성지 순례 기행시들과 전혀 상관이 없는 것은 아니다. 전자는 그 내용이 불교 신앙시에 관련되어 있고 후자는 인도 여행길에 잠깐 스쳐 지나간 곳들에 지나지 않기 때문이다.

> 무우수 꽃잎 나비되어 펄펄 날리는
> 룸비니동산으로 오세요
> 금빛 여우가 자유로이 뛰놀고
> 물소리 새소리 풀벌레 소리 한데 어우러진
> 봄빛 그득한 꽃 바다네요
> 마야왕비 무우수나무에 살포시 기대니
> 브라흐마의 옆구리가 열리고
> 빛나는 탄생의 동산이 됐네요
>
> 아홉 마리 용이 물을 뿜어 꽃다운 몸 씻으니
> 하늘 위와 하늘 아래
> 가장 존귀한 생명의 불꽃이 되네요
> 룸비니여! 룸비니여!
> 고귀한 씨앗 싹 틔운 땅

너와 나 그리고 우리
모두 함께 어우러진 생명의 바다
　　　　　　　―「무우수나무 아래서」 전문

　석가세존이 탄생하신 룸비니동산을 답사하면서 보고 느낀 환희와 감동을 여여하게 고백한 신앙시 한 편이다. 이렇듯 시인은 제1부에서 부처님의 행적을 따라 그의 발자취를 더듬는다. 그것은 시인에게 있어 한마디로 지상에 실현된 불국토(佛國土)에의 체험이자 자기 신앙에 대한 확인이라 할 수 있다.
　제2부의 시들은 수행자로서 자신의 고뇌를 형상화한 작품들이다. 거기에는 삶의 무상감이나 영원성에 대한 희원 혹은 성(聖)과 속(俗)의 여정에서 오는 감정들이 표출되어 있다. 그러나 무엇보다도 깨달음에 이르고자 하는 갈망이 그 중심을 이룬다. 물론 그 깨달음의 구체적 실상은 '나는 무엇인가' 하는 문제를 푸는 것인데 그것이 불교 존재론의 근간이라 할 삼법인(三法印)의 '제법무아(諸法無我)' 혹은 '직지인심(直指人心)' '견성성불(見性成佛)'의 경자임은 두말할 필요가 없을 것이다. 간단히 줄여 말하자면 '나(我)'와 '마음(心)'이라는 화두가 아닐까? 다음과 같은 시가 대표적이다.

꿈속에서 나비가 되어
문득 나를 되돌아본다
장자처럼 나비가 꾸는 꿈속에서
나를 찾는다

내가 타고 있는 몸은 나비가 된 전투기다
나는 그 나비를 조종하는 사람인 듯
사람 아닌 그림자인 듯
추락하는 전투기 속에서 외마디 치는 소리는
파닥거리는 날갯짓

나는 고향의 하늘을 비행하다
고향 하늘로 추락하는 나비다

나는 누구인가?
어디에서 와서 어디로 가는 걸까?
다른 누군가에게
나를 묻는 나는 누구인가?
보이지 않는 누군가도 나에게 그 자신을 묻고 있다
우리들 모두 파닥거리는 날갯짓이 그리는
일렁이는 물결을 보고 있다
시공 안에서도 또 시공 밖에서도

그물에 걸린 세월의 잔상

봄 여름 가을 겨울
빛의 변화를 보고 이름을 붙인다
그 빛깔마다 각기 다른 고향이 된다
—「나비의 꿈」 전문

　위 시의 내용 그대로 시인은 자신이 나비가 되어 있는 꿈을 꾸면서 꿈속의 나비가 원래의 '나'인지 아니면 인간으로서 꿈을 꾸고 있는 내가 실제의 '나'인지 알 수 없는 미몽(迷夢) 속에 빠져든다. 그리고 끝내 그 해답을 얻을 수 없다. 다만 확실한 것은 꿈이 즉 현실이고 현실이 즉 꿈인데(색즉시공 공즉시색(色卽是空 空卽是色)) 나비이든 인간이든 그 미몽의 허공 속에서 거미줄에 걸려 허덕거리는 존재가 바로 자기 자신이라는 것이다. 그렇다면 그는 어떻게 그 걸린 거미줄을 벗어나 하늘로 비상할 수 있는가. 분명한 것은 그 무엇보다 내가 누구인지를 먼저 알아야 한다는 것이다. 그래서 시인은 이렇게 절규한다. "나는 누구인가?/어디에서 와서 어디로 가는 걸까?/다른 누군가에게/나를 묻는 나는 누구인가?"
　원래 선불교(禪佛敎)가 중국의 고승들에 의해 부처의 가르침을 노장(老莊)의 철학으로 해석하는 과정에서 태어난 것임을 감안할 때 수완 스님이 '나'의 탐구를 이렇듯 『장자(莊子)』의 한 에피소드를 빌려 이야기하고자 했다는 것 또한 적절한 시적 전략이 아닐까 한다.

제3부는 수행자로서의 현실 인식을 보여준 시편들이다. 그것은 구도의 희원을 노래한 것도 자아 탐색을 염두에 둔 것도 아닌, 그러니까 우리가 발을 딛고 사는 이 사바세계의 안녕과 평화에 대해 소명하는 시편들이다. 그의 이 제3부의 시가 앞서의 시들과 달리 이렇게 '나'가 아닌 '우리'의 문제를 들고 나오는 이유도 여기에 있다.

우린 오늘 어디에 서 있는가?
그리고 또 우린 무엇을 보는가?
―「우담바라」 부분

무릇 모든 종교란 신자 개인의 기복과 구원의 문제만을 염두에 두어서는 안 될 일이다. 보다 넓게 그가 생을 영위하고 있는 이 현실 삶의 모순과 고통을 해결해주는 것 또한 주요한 본분일 터, 인간은 원래 실존적이면서도 사회적인 조건 아래 놓여 있기 때문이다. 그리하여 시인은 제3부에서 우리 사는 세상의 질곡과 불합리를 비판하면서 불국정토(佛國淨土)의 이상이 실현되는 미래 세상을 꿈꾸고 있다. 앞서 인용한 「우담바라」는 계속해서 다음과 같이 전개된다.

> 삼천 년에 한번 핀다는
> 우담바라 꽃이 지천으로 피는 곳
> 부처님 눈썹에도 피고
> 예수님 십자가에도 피고
> 문지방에도 피고
> 화장실 변기에도 피는 세상
>
> ―「우담바라」부분

제4부의 시는 불교적 이상과 향토적 세계가 조화된 삶을 형상화한 시편들이다. 이는 제1부에서 이미 거론한 바 있으므로 여기서는 생략코자 한다.

3.

앞서 언급한 바와 같이 이 세상의 종교란 그 어떤 것이든 자기 구원과 현실 삶의 위안이라는 두 가지 문제를 해결해주지 못하고선 성립될 수 없다. 인간은 본질적으로 생(生)과 사(死)라는 존재의 근원적 조건에 얽매여 있으면서도 현실적으로는 먹고 사는 일, 다시 말해 사회적 조건에서 자유스러울 수 없기 때문이다. 가령 에리히 프롬(E. P. Fromm)이 지적한 것처럼 기독교의 십자가에서 수직선이 신과 인간의 관계 즉 존재론적인 문제를 상징하는 것이라면 수평선은 인간과 인간의 관계 즉 사회적인 문제를 상징한다.

이는 불교라고 해서 예외라 할 수 없을 것이다. 불교 역시 수행자는 끝없는 수행을 통해 '평등상(平等相)'이라 불리는 절대 자유의 경지에 도달하고자 한다. 그러나 다른 한편 그 역시 중생의 한 사람으로 사바세계의 질곡을 외면할 수 없다. 보살행이라 부르는 바로 그 실천 윤리이다. 불교에서 흔히 '상구보리(上求菩提)'라 하는 것은 전자를, '하화중생(下化衆生)'이라 하는 것은 후자를 가리키는 말이다. 기독교의 십자가에서 수직선이 전자를, 수평선이 후자를 상징하는 기호인 것과 다름없다.

이와 같은 관점에서 이 시집에 수록된 시들을 살펴보면 그것은 대략 두 부분으로 나누어진다. 모두 불교적 세계를 지향하는 것들이기는 하지만 하나가 존재 즉 나를 탐구하는 깨달음의 시들이라면 다른 하나는 내가 살고 있는 이 사바세계에 참여하는 보살행의 시들이기 때문이다. 이 시의 제1부와 제2부에 수록된 시들과, 제3부와 제4부에 수록된 시들이 그것이다. 이 시의 제1부, 제2부 즉 상구보리의 시들은 본질적으로 연시 형태를 취하고 있다. 화자(話者)가 '님'에 대한 사랑을 호소하는 형식인데 여기서 그 님이란 이성애적 사랑의 대상이 아니라 자신을 깨달음의 경지에 이르도록 이끌어주는 어떤 절대적 존재, 무아(無我, Anatman)이거나 부처 그 자신임은 두말할 필요가 없다.

> 청초한 아침 햇살로
> 붉게 물든 노을빛으로
> 밤하늘에 보석처럼 빛나는 별빛으로
> 수많은 만남과 수많은 이야기로
> 나투시는 님
>
> 천 개의 손으로
> 천 개의 눈으로
> 내 몸을 적시며
> 불현듯 오시는 님
>
> ―「I miss you」 부분

　인용시는 화자가 "밤하늘에 보석처럼 빛나는 별빛으로/수많은 만남과 수많은 이야기로/나투시는 님"에 대해 다함 없는 사랑을 고백한 일종의 연시(戀詩)이다. 그렇다면 그는 누구일까. 우리는 그가 "천 개의 손으로/천 개의 눈으로/내 몸을 적시며/불현듯 오시는 님"이라는 점에서 이성애적 사랑의 대상이 아닌 어떤 절대적 존재임을 알 수 있다. 이 세상에서 천 개의 손을 가진 분은 불가(佛家)에서 말하는 바 천수관음보살(千手觀音菩薩) 이외엔 없기 때문이다. 그러나 우리는 이를 꼭 천수관음보살이라고만 한정지어 이야기할 필요는 없을 것이다. 그 누구든 무명의 질곡 속에 빠진 중생을 제도하여 무량 중광의 세계로 인도하는 존재라면 모두 부처(님)가 될 수 있기 때문이다. 그러한 의미에서 이 시의 님은 사실 한용운이 그의 『님의 침묵』에서 탐구했던 사랑의 대상과 거의 다름이 없으리라 생각한다.

한편 스님이 제3부, 제4부에서 다룬 하화중생의 시들은 모두 사바세계에 대한 연민과 사랑이 내면화되어 있다. 달리 말해 자비(慈悲)의 정신에 입각한 보살행을 보여주고 있다. 『불교사전』을 찾아보면 '자비'란 '발고여락(拔苦與樂)' 즉 중생들의 고통을 없이하여 더불어 그들과 함께 즐거움을 나누는 정신이기 때문이다. 어원적으로 '자(慈)'는 팔리어의 '벗(mitra)'에서 온 말로 불쌍히 여긴다는 뜻을, '비(悲)'는 '연민(karuā)'에서 온 말로 '동정심', '공감', 함께 슬퍼한다는 뜻을 지니고 있다 한다. 그러한 의미에서 '자'와 '비'는 물론 유사한 개념이라 해도 큰 무리는 없을 것이다.

그러나 그렇지 않다. '자'와 달리 '비'에는—'자'에는 없는—불의에 대한 저항 정신이 또한 내포되어 있기 때문이다. 이 '비'를 부연 설명하는『불교사전』에서 '비'가 '어머니가 목숨을 걸고 자신의 외아들을 지키는 일'이라고 말하는 뜻이 바로 그렇다. '목숨을 걸고 자신의 아들을 지키려는' 어머니처럼 그 어떤 의로움도 그것을 해치고자 하는 악과 대적하지 않고서는 온전히 지킬 수 없을 것이기 때문이다. 그러한 의미에서 '비'는 단지 '연민'만을 뜻하는 말은 아니다. '악(惡)'에 대해서 '의(義)'를 지키려는 단호한 대결 정신 또한 지니고 있는 개념이다.

  그러한 관점에서 이 시집에 수록된 제3부와 제4부의 하화중생의 시들은 크게 두 가지 유형으로 나뉠 수 있다. 하나는 '자'의 정신으로 쓰여진 시들이며 다른 하나는 '비'의 정신으로 쓰여진 시들이다. 이는 같은 소재로 해서 쓴 두 편의 시들을 인용해 살펴볼 경우 확실히 드러난다.

    어느 봄날
    가슴 미어지게 아팠던 기억이
    구슬마다 서러움으로 어린다
    세찬 물굽이에 무참히 묻힌 생명들
    차갑게 뺨을 적시는 빗물이
    세월호의 잔상으로 각인되고
    그 잔혹한 아픔도

나비가 되어
하늘 가득 날아오른다
　　　　　　　―「가을비에 젖은 노랑나비」 부분

인간을 구원하겠다는 원대한 포부로 위장한 사교 집단
국민의 행복을 최고의 실천 덕목으로 포장한 탐욕스런 정치는
어이없는 이 참담함마저 기만하고
책임 전가하기에 급급한 졸렬함으로 몰염치와 부도덕의 산이 되었다

울화증은 해를 몇 번이나 넘기고도 치유능력이 상실되어
오히려 또 다른 바이러스가 몇 겹으로 퍼져
청춘의 봄을 병들게 한다
　　　　　　　―「분노의 봄」 부분

인용된 두 편의 시들은 모두 그 가슴 아픈 '세월호 참사'에 대해 쓴 것이다. 그러나 전자는 세월호 희생자들에 대한 연민과 사랑을 토로했다는 점에서 '자(慈)'의 시이며 후자는 세월호 참사의 책임자들을 규탄하고 있다는 점

에서 '비(悲)'의 시이다.

 다 아는 바와 같이 이 시집의 저자 수완 스님은 불교 수행자이다. 따라서 필연적으로 그의 시에 불교적 세계관이 반영되어 있을 것임은 두말할 필요가 없다. 우리가 지금까지 살펴본 그의 시의 내용이 실제 그러하다. 그러나 그의 시는 항상 사랑과 연민 혹은 관용의 정신만을 이야기했던 것은 아니다. 때에 따라서 그는 불의에 대해 결연히 저항하는 자세도 이처럼 내비치고 있다.

 그러므로 나는 그의 그와 같은 불교시들이 우리 불교문학사의 한 축에 튼튼한 반석 하나가 되기를 기대해본다. 아니 그렇게 될 것을 믿는다.

시인의 말

  바람이 나뭇가지를 스쳐 지날 때 나뭇가지는 바람의 흐름을 흔들림으로 드러낸다. 삶의 자취도 시간의 흐름 속에서 나부끼는 제각각의 모습일 거다. 내가 기억하는 내 삶의 자취들은 순간에 스쳐 지나간 길고 긴 궤적이었다.
  어릴 적 마을 앞 선착장에 여객선이 다가오면 누군가 오고 또 누군가 떠나가는 그곳을 향하여 무작정 뛰어가던 날들.
  눈보라 치던 추운 겨울날 해풍에 실려 오는 눈보라를 피하려 둑길 옆에 고개를 납작 숙이고 기러기처럼 줄맞추어 종종걸음치며 등하교하던 날들.
  풍어제 올리는 날이면 개구쟁이 꼬마들이 이 배 저 배에 몰려가 고삿밥을 얻어와 함께 먹으며 깔깔거리며 밤을 지새우던 날들.
  절집에 와서 학인 시절 아주 이른 새벽에 일어나 꽁꽁 얼어붙은 수각의 얼음을 깨고 뼛속까지 스며드는 한기로 잠을 씻고 새벽 3시 한데보다 더 썰렁한 법당에 모여 새벽 예불을 드리던 날들.
  청소년수련관을 만들자고 도반들과 문경 김용사에 모여 농사짓고 나무하고 법회해주면서 젊은 열정을 불태우던 날들.

중앙승가대학의 교육부 인가와 학사 이전을 위하여 촌음도 아까워하며 동분서주하던 날들.

불교의 유적을 찾아 배낭 하나 메고 원타, 함현, 현진 스님들과 천산북로와 천산남로를 오가며, 타클라마칸사막과 고비사막을 넘어 인도, 파키스탄, 중국, 티벳, 네팔, 스리랑카, 태국, 베트남, 캄보디아, 라오스 등등 부처님의 자취를 따라 고행 정진하던 날들.

불교문학의 발전과 전승을 위하여 20년 세월 동안 쌓은 탑이 사익을 추구하는 무리들의 한심한 이기심으로 흔들리던 날들.

헤아릴 수 없이 수많은 흔적들이 순간에 스쳐 지나간 바람결에 흔들리는 나부낌이었다. 오늘 또 하나의 바람결에 나부끼는 흔적들을 시집으로 묶어 내면서 지난 시간과 다가오는 시간이 하나의 궤도로 이어지는 삶의 자취를 본다.

시집 출간을 위하여 수고한 양문규 시인, 이 시집에 새 옷을 입혀주신 오세영 시인과, 표사를 써주신 이하석, 김은령 시인께 고개 숙여 감사드린다.

살아온 날들과 살아갈 날들에서 만나고 헤어지는 인연의 행복을 기도드린다.

2019년 새해 아침
정취암에서
수완 합장

유마의 방

2019년 1월 31일 초판 1쇄 펴냄

지은이 _ 수완
펴낸이 _ 양문규
펴낸곳 _ 詩와에세이

신고번호 _ 제2017-000025호
주　　소 _ (30018)세종특별자치시 조치원읍 돌마루5길 2, 104호
대표전화 _ (044)863-7652, 070-8877-7653
팩시밀리 _ 0505-116-7653
휴대전화 _ 010-5355-7565
전자우편 _ sie2005@naver.com
공 급 처 _ 한국출판협동조합
주문전화 _ (02)716-5616
팩시밀리 _ (031)944-8234~6

ⓒ수완, 2019
ISBN 979-11-86111-59-8 (03810)

* 지은이와 협의하여 인지는 생략합니다.
* 이 책 내용의 전부 또는 일부를 재사용하려면 반드시 지은이와
　詩와에세이 양측의 동의를 받아야 합니다.
* 책값은 뒤표지에 표시되어 있습니다.

「이 도서의 국립중앙도서관 출판예정도서목록(CIP)은 서지정보유통지원시스템 홈페이지(http://seoji.nl.go.kr)와 국가자료공동목록시스템(http://www.nl.go.kr/kolisnet)에서 이용하실 수 있습니다.(CIP제어번호: CIP2019001907)」